JN392023

무량공덕 사불

三十三觀音應身圖

窓

三十三 觀音應身圖

1. 양류관음(楊柳觀音)
2. 용두관음(龍頭觀音)
3. 지경관음(持經觀音)
4. 원광관음(圓光觀音)
5. 유희관음(遊戱觀音)
6. 백의관음(白衣觀音)
7. 연와관음(蓮臥觀音)
8. 농견관음(瀧見觀音)
9. 시약관음(施藥觀音)
10. 어람관음(魚籃觀音)
11. 덕왕관음(德王觀音)
12. 수월관음(水月觀音)
13. 일엽관음(一葉觀音)
14. 청경관음(靑頸觀音)
15. 위덕관음(威德觀音)
16. 중보관음(衆寶觀音)
17. 암호관음(巖戶觀音)
18. 연명관음(延命觀音)
19. 능정관음(能靜觀音)
20. 아뇩다라관음(阿耨多羅觀音)
21. 아마제관음(阿摩提觀音)
22. 엽의관음(葉衣觀音)
23. 유리관음(瑜璃觀音)
24. 다라관음(多羅觀音)
25. 합리관음(蛤利觀音)
26. 육시관음(六時觀音)
27. 보비관음(普悲觀音)
28. 마랑부관음(馬朗婦觀音)
29. 합장관음(合掌觀音)
30. 일여관음(一如觀音)
31. 불이관음(不二觀音)
32. 지련관음(持蓮觀音)
33. 쇄수관음(灑水觀音)

무량공덕의 기도

33관음응신도(三十三觀音應身圖)는 관세음보살이 여러 모습으로 형상화되어 나타난 관세음보살의 넓은 자비심을 상징합니다. 또한 '수능엄경'에서는 32응신(용두관음이 없음)이라 하고 '법화경'에서는 '33응신'이라 하며 이를 보문시현(普門示現)이라 합니다.

이상 33관음 중 인도 기원의 관음이 제일 많으며, 중국에서 유래된 관음으로는 어람, 합리, 마랑부관음이 있고, 청경관음경에 등장하는 양류관음과 화음경에 등장하는 수월관음 이외에는 대부분의 관음은 법화경의 '관세음보문품'에 의해 생겨난 관음입니다. 또한 33은 고대 인도에서 무수한 수를 뜻하는 숫자이며 불교에서는 관세음보살의 변화무쌍한 모습을 상징하는 숫자입니다.

《묘법연화경》 <보문품>에 나오는데, 무진의(無盡意)보살이 '관세음보살이 어떻게 중생을 구제하고 그 방편의 힘은 어떠한가?'라고 부처에게 물었을 때 부처가 대답한 데서 유래합니다.

누구라도 일심으로 이 주문을 외우면 무엇이든 원하는 대로 이루어지게 하시는 관세음보살님은 신통력이 구족하사 걸림이 없고 저 많은 방편의 지혜를 널리 닦아 시방세계 국토마다 여러 가지 몸을 나투어 중생들의 모든 원을 성취시키는 보살이십니다.

사불의 의의

불교 신앙은 기본적으로 부처님의 말씀을 기록해 놓은 경전을 중심으로 이루어지지만 다양한 신앙적 체험을 통해서도 이뤄집니다. 불교적 신앙의 내용을 압축하여 그림으로 표현해 사람들이 쉽게 경전의 내용을 이해하고 종교적인 체험을 할 수 있도록 도와주는 불화는 불탑, 불상, 불경 등과 함께 불교신앙의 대상으로 여겨져 왔습니다. 이런 까닭에 예로부터 경전의 말씀을 한자 한자 옮겨 쓰는 사경과 더불어 부처님의 형상을 그리는 사불(寫佛) 또한 불교 수행법의 하나로 전해 내려왔습니다.

요즘 신심을 고취하는 방편으로 직접 불화 그리는 법을 배우는 불자들이 늘어나고 있습니다. 실생활 속에서 수행으로 삼아 불보살을 그리고 거기에 색까지 입히면 더없이 수승한 공덕이 될 것입니다.

사불 방법

1. 사불을 시작하기 전에 주위환경을 정돈하고, 몸과 마음을 바로잡아 호흡을 가다듬는다.
2. 합장하여 간단히 삼배를 올리거나 개경게를 읽는다.
3. 마음을 모아 한 붓 한 붓 정성껏 붓을 옮겨가며 부처님을 그린다.
4. 사불을 마친 다음 합장하고 모든 생명들을 위해 부처님께 발원한다.
5. 완성된 사불은 모아서 불전에 올린다.

1. 양류관음(楊柳觀音)

오른손에 버드나무 가지,
왼손에 맑은 물병을 들고 오셔서 전염병(傳染病)을 없애 주시네.

2. 용두관음(龍頭觀音)

구름 속에서
용(龍)의 등에 타앉은 모습으로 나투시어 중생을 제도하시네.
(33관음응신도에만 있고 32관음응신도에는 포함되지 않는다.)

3. 지경관음(持經觀音)

손에 경전(經典)을 들고 바위 위에 앉아 선정(禪定)에 잠기어 계시네.

4. 원광관음(圓光觀音)

언제나 청정(淸淨)하고 밝은 광명(光明)이
태양과 같은 지혜(智慧)의 빛으로 어둠을 부수시네.

5. 유희관음(遊戲觀音)

몸놀림이 자유자재(自由自在)로워
금강산(金剛山) 꼭대기에서 떨어져도 사뿐히 앉을 수 있도록 하여 주시네.

6. 백의관음(白衣觀音)

하이얀 옷을 입으사
고결(高潔)한 자태로 나투시어 뭇 어린이를 자애(慈愛)로이 보살피시네.

7. 연와관음(蓮臥觀音)

연꽃 가득한 연못 위에 앉아 합장(合掌)하사 중생을 제도하시네.

8. 농견관음(瀧見觀音)

벼랑에서 용(龍)을 바라보며 불구덩이를 연못으로 만드시네.

9. 시약관음(施藥觀音)

바위 위에 앉으사 연꽃을 바라보시며
심신(心身)의 고통(苦痛)을 녹여 주는 법문(法門)을 설하여 주시네.

10. 어람관음(魚籃觀音)

큰 물고기를 타고 가시니 물고기 장수를 보살피시네.

11. 덕왕관음(德王觀音)

법왕신(法王身)으로 나투사 바위 위에 가부좌하고
오른손에 푸른 나뭇가지를 잡으시고 중생(衆生)을 제도(濟渡)하시네.

12. 수월관음(水月觀音)

휘영청 달 밝은 보타락가산(補陀落迦山) 벼랑에 앉아
선재동자(善財童子)에게 법(法)을 설(說)하시네.

13. 일엽관음(一葉觀音)

큰 물난리를 만나 떠내려가더라도
관음(觀音)을 염(念)하니 뭍으로 인도(引導)하여 주시네.

14. 청경관음(青頸觀音)

악마(惡魔)의 맹독(猛毒)을 삼키시느라 목이 검푸르도록
중생들의 공포(恐怖)와 재난(災難)을 다함없이 막아 내시네.

15. 위덕관음(威德觀音)

천대장군(天大將軍)의 위엄(威嚴)으로 악한 무리를 굴복시키고
악한 중생을 덕(德)으로써 애호(愛護)하시네.

16. 중보관음(衆寶觀音)

갖은 보물을 구하다가 나찰(羅刹)에 쫓기더라도
장자(長者)와 같은 현인(賢人)으로 나투사 구원(救援)해 주시네.

17. 암호관음(巖戶觀音)

암굴(巖窟) 속에 앉아 있어도
도마뱀, 뱀, 살모사, 전갈 등의 독충(毒蟲)으로부터 지켜 주시네.

18. 연명관음(延命觀音)

악(惡)한 무리들의 저주(詛呪)와 독기(毒氣)로부터
중생(衆生)들의 목숨을 구(救)하여 주시네.

19. 능정관음(能靜觀音)

손을 해변(海邊)의 바윗가에 대고 고요히 앉아 계시며 뱃길을 지켜 주시네.

20. 아뇩관음(阿耨觀音)

마나사로바 호수(湖水)의 바위 위에 앉아서
독룡(毒龍)과 악귀(惡鬼)들로부터 지켜 주시네.

21. 아마제관음(阿摩提觀音)

비사문(毘沙門)의 몸으로 나투어
지옥(地獄)에 빠진 중생(衆生)들을 구원(救援)하시네.

22. 엽의관음(葉衣觀音)

나뭇잎으로 된 옷을 입은 천녀(天女)의 자태로 나투사
화재예방(火災豫防)과 무병장수(無病長壽)를 축원(祝願)해 주시네.

23. 유리관음(瑜璃觀音)

한 송이 연꽃 위에 서서 두 손으로 향로(香爐)를 받들고서
펴시는 설법(說法)의 향기(香氣)가 온누리에 가득 하네.

24. 다라관음(多羅觀音)

적(敵)의 포위(包圍)로부터 자비(慈悲)의 눈으로
중생(衆生)을 구(救)해 내시고, 중생(衆生)에 젊음을 북돋아 주시네.

25. 합리관음(蛤利觀音)

대합(大蛤)에서 대사(大士)가 나타나 황제(皇帝)를 감읍(感泣)케 하니

보살도(菩薩道)가 널리 퍼지네.

26. 육시관음(六時觀音)

경전(經典)을 옆에 끼시고 거사(居士)의 몸으로 나투사
밤이나 낮이나 중생(衆生)을 수호(守護)하시네.

27. 보비관음(普悲觀音)

양손을 감추시며 대자재 천신(大自在天神)으로 나투사
온누리에 자비(慈悲)를 널리 펼치시네.

28. 마랑부관음(馬朗婦觀音)

아름다운 여인(女人)으로 나투어 뭇 남성으로 하여금
법화경(法華經)을 독송케 하여 교화(教化)하시네.

29. 합장관음(合掌觀音)

연꽃 위에 합장(合掌)한 자태로 나투사 중생(衆生)을 제도(濟度)하시네.

30. 일여관음(一如觀音)

구름을 타고 번개를 정복(征服)하시니
폭우와 우박으로부터 중생(衆生)들을 지켜 주시네.

31. 불이관음(不二觀音)

두 손을 드리워 포갠 채 물 위의 연꽃에 서 계시는
금강신(金剛身)은 곧 부처님의 다름 아니시라네.

32. 지련관음(持蓮觀音)

어여쁜 화동(花童)의 자태로
연꽃 위에 나투사 연꽃을 들고 계시어라.

33. 쇄수관음(灑水觀音)

왼손엔 발우(鉢盂), 오른손엔 버들가지를 드시고
물난리로부터 중생(衆生)을 구제(救濟)하시네.

◈무비(如天 無比) 스님
· 전 조계종 교육원장.
· 범어사에서 여환스님을 은사로 출가.
· 해인사 강원 졸업.
· 해인사, 통도사 등 여러 선원에서 10여년 동안 안거.
· 통도사, 범어사 강주 역임.
· 조계종 종립 은해사 승가대학원장 역임.
· 탄허스님의 법맥을 이은 강백.
· 화엄경 완역 등 많은 집필과 법회 활동.

▶저서와 역서
· 『금강경 강의』, 『보현행원품 강의』, 『화엄경』, 『예불문과 반야심경』, 『반야심경 사경』 외 다수.

三十三 觀音應身圖

1쇄 발행일 · 2013년 06월 15일
5쇄 발행일 · 2024년 11월 25일
감　수 · 무비 스님
펴낸이 · 이규인
그린이 · 이은우
펴낸곳 · 도서출판 窓
등록번호 · 제15-454호
등록일자 · 2004년3월 25일

주소 · (121-885) 서울특별시 마포구 대흥로4길 49, 1층(용강동, 월명빌딩)
전화 · 322-2686~2687/팩시밀리 · 326-3218
e-mail · changbook1@hanmail.net
홈페이지 · www.changbook.co.kr

ISBN 978-89-7453-211-6　04220
정가 17,000원

☞ 염화실(http://cafe.daum.net/yumhwasil)에서 무비스님의 강의를 들을 수 있습니다.